HAPPY TRAINING SERIES 1

Let's enjoy Razor cutting
RAZARTE

Educated by Hisahiro Yamamoto

SHINBIYO SHUPPAN

■ はじめに

　今は亡きK.H.先生が、ウィッグとそのレザーを持って弊社を訪れて下さった時から、既に一昔近くの年月が過ぎてしまいました。目の前でカットして頂いたウィッグは、本当に優しいスタイルに出来上がっていて、シャープなシザーズとは異なる「風」を感じたのでした。

　レザーカットに対する想いが、年々募っていったある日のこと、美容室でお見かけした50代のお客様のベリーショートなヘアスタイルがとても素敵だったので、思わず声をおかけすると、

　「ありがとう。私もとても気に入っているの。ほとんどの美容室では、何故レザーカットをなさらないのかしら？」と言うお返事。

　私の敬愛する先生の美容室では、レザーをこんなに素敵に使っていらしたのです。

　しかし、残念なことに、手を怪我する、お客様に危ない、使いこなすまでに時間がかかる、髪が傷む、その上、エイズ問題も加わって、いつの間にかレザーは、美容室の現場から遠い存在になっていました。色々なレザーを取り寄せてみました。それぞれに特徴のある趣の違うレザーでした。その中で今回「レザルテ」を選んだ理由は、K.H.先生の使っていらしたレザーが、長い年月をかけて山本ヒサヒロ先生が、御自分で開発なさったレザー「レザルテ」だったこと。「レザルテ」は、美容師さんが怪我をせず、お客様にも安全で、髪を傷めない45度の角度で誰でもカットする事ができるレザーであること。そして、初めてレザーを使う美容師さんにも、シザーズとは異なる感触を感じながら、今までとはニュアンスの違うヘアスタイルを作って頂けると確信したからです。

　この度、広告クライアントとの問題を乗り超えてまでも、このレザーの本を作るべきだと決心したのは、現場の美容師の皆様に、カットの理論を理解し、把握した上で御自分の頭の中にイメージを、しっかり描くことさえ出来れば、

レザーと自分の体が一体となって自由自在に心躍らせながら、楽しくカットする事が出来るという事をお伝えしたかったのです。

　さらに、デビューまでの長い期間に、練習が辛いと、美容師の仕事を諦めてしまいそうになっている皆様や、キャリアを十分積んで、シザーズのカットは思うように切れるようになったが、今までとニュアンスが違う、新たな表現方法を模索している美容師の皆様に、この「レザルテ」のカットを通して、ヘアスタイルを作ることの楽しさを知って頂きたいと思ったからです。

　『HAPPY TRAINING SERIES 1. Let's enjoy Razor cutting』、この小さな一冊の技術書が、美容師の皆様により多くの可能性をお届けする事が出来ますように・・・。

　最後に、技術指導をして頂いた山本ヒサヒロ先生と、スタッフの皆様に、心から感謝申し上げます。

新美容出版株式会社

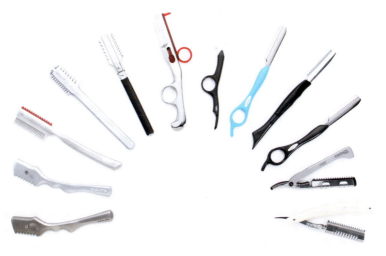

レザーいろいろ

CONTENTS

- はじめに ･････････････････････ 02
- レザルテについて ･････････････ 06
- レザルテの持ち方 ･････････････ 07
- アングルゲージの使い方 ･･･････ 07
- レザルテの切り方 ･････････････ 07

Basic Technic

- オープンハンド ･･･････････････ 08
- クロスハンド ･････････････････ 09
- スライドテーパー - 右サイド ･･･････ 10
- スライドテーパー - 左サイド ･･･････ 11
- スキャルプチャカット ･････････ 12
- インサイドテーパー ･･･････････ 13
- コーミングカット - 右サイド ･･･････ 14
- コーミングカット - 左サイド ･･･････ 15
- コーミングカット - リフトアップ ･････ 16
- ティッピング ･････････････････ 17
- アップシェープ ･･･････････････ 18
- Blocking ･････････････････････ 19

Style

■ Royal Bob ················ 20
ロイヤルボブ

■ A-Line Bob (Variation) ········ 66
Aラインボブ（ヴァリエーション）　■ DVD 収録

■ Soft Gradation ············ 94
ソフトグラデーション

■ Layer ······················ 114
レイヤー

■ Layer (Variation) - Medium ······ 144
レイヤー（ヴァリエーション）- ミディアム　■ 完成スタイル

■ Layer (Variation) - Short ········ 145
レイヤー（ヴァリエーション）- ショート　■ 完成スタイル

■ レザルテについて

　風にそよぐ髪が好きです・・・
　「レザルテ」が生まれたきっかけは、私の好きなヘアスタイルを作るための方法と道具を探した事が始まりでした。はじめに見つけたのは本レザーで、これは日本刀にも通じるような切れ味が魅力でした。しかし本レザーは指を傷つけるリスクの高い道具でした。
　そこで絶対に美容師の指を傷つけることなく、最高の切れ味を実現する・・・。
　この相反するような課題に真正面から挑戦して生まれたのが「レザルテ」です。
　アートするレザーの意を込めてレザルテ「RAZARTE」と命名しました。
　理想の切断面を作るカットアングルが自動的に誘導される刃先の形状。
　オリジナルの「レザルテ」(RAZARTE PRO)が採用したチタン合金は、骨折した際に体内に埋め込むボルトなどのほか、ジェットエンジンや宇宙ロケットにも使われるほど特殊で希少なもので、絶妙な重量バランスを実現しました。
　「レザルテ」は30年ほど前に開発がスタートし、日米のトップクラスの美容師の皆様と日本の匠の皆様の御協力でここまで熟成されました。
　ここから生まれるヘアデザインは無限大ですが、新しい発想の道具ですからこれまでとは違った作法があります。ほんの少しだけこの作法を学んで下さい。それが「レザルテ」を使いこなすための近道だからです・・・。
　「レザルテ」のカット技術は世界中の美容師の三種の神器になると確信しています。
　そしてこの『Let's enjoy Razor cutting』は、「レザルテ」と美容師を結ぶために企画された、初めてのガイドブックです。
　それでは「レザルテ」の世界をお楽しみください・・・。

　　　　　　　　　　　　　山本 ヒサヒロ

絶妙な重量バランス

シザーズの切断面

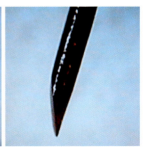
レザルテの切断面

■ レザルテの持ち方 （DVD 参照）

■ アングルゲージの使い方 （DVD 参照）

■ レザルテの切り方 （DVD 参照）

Basic Technic

＊基本のテクニックは全て DVD に収録してあります。
テキストと合わせ、DVD をご活用ください。

■ Open Hand　オープンハンド

オープンハンドとは、右手にレザルテを持った時に、
パネルを右側からカットしていくことをいいます。

■ Cross Hand　クロスハンド

クロスハンドとは、右手にレザルテを持った時に
パネルを左側からカットしていくことをいいます。

Basic Technic

■ Slide Taper - Right Side スライドテーパー - 右サイド

スライドテーパーとは、縦スライスで髪を取り、コームにレザルテを沿えてスライドさせながらシルエットを整えることをいいます。

■ Slide Taper - Left Side スライドテーパー - 左サイド

右サイドとは、コームの向きが逆になります。

Basic Technic

■ Sculpture Cut　スキャルプチャカット

スキャルプチャカットとは
コームとレザルテを交互に使いながら髪を整えることをいいます。

■ Inside Taper インサイドテーパー

インサイドテーパーとは、刃を上にしたレザルテに、髪を軽く置き、コームとレザルテを交互に使いながら毛量を調整することをいいます。

Basic Technic

■ Combing Cut - Right Side　コーミングカット - 右サイド

コーミングカットとは毛先を方向付けるために用います。
コームとレザルテで髪を挟んで、流れを作りたい方向へカットします。

■ Combing Cut - Left Side　コーミングカット - 左サイド

右サイドとは、コームの向きが逆になります。

Basic Technic

■ Combing Cut - Lift Up コーミングカット - リフトアップ

毛を上に方向付けると、毛先をより遊ばせることができます。
これをコーミングカットのリフトアップといいます。

■ Tipping ティッピング

ティッピングとは、毛先に遊びを付けたい時に、コームか指で毛束を取り、常に毛流れに対して、レザルテを45度に保ち、リズミカルにカットすることをいいます。

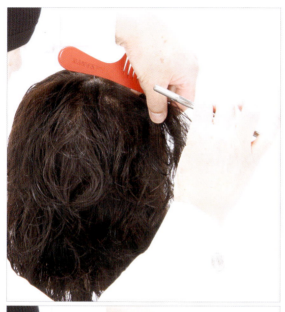

Basic Technic

■ Up Shape アップシェープ

アップシェープとは、パートラインの周辺などに出来た髪の長さの差を調整するテクニックのことをいいます。

■ Blocking 本書に掲載したスタイルの共通ブロッキング

A

B

C

D

■ Royal Bob ロイヤルボブ

ソフトなグラデーションをベースにしたボブスタイル。
スタイリングのアレンジで様々なスタイルが楽しめます。

01 右バックサイド下から1段目のパネルをとります。グラデーションの面を綺麗に整えるために、コームはクシ刃が少し広めの髪のテンションを保てるものを選びます。

02 今回は小さい幅の斜めのグラデーションに仕上げるために、中央に寄せてシェープします。

03 レザルテを45度にあてます。

04 クロスハンド（P9とDVD参照）でカットしていきます。

05 カットをする時には、刃先に力を加えないようにします。

06 回数を増すごとに、ミドルストロークからショートストロークでカットしていきます。

07 カットアングルを保ちながら、左手は固定したまま、

08 P23写真09までカットを続けていきます。

09 左手は常に適度なテンションを保ちましょう。

10 カットラインが整うまで、同様にストロークを繰り返しカットしていきます。

11 繰り返します。

12 繰り返します。

13 クロスハンドを繰り返し、

14 切り終わります。ストローク幅と繰り返す回数は、毛量で異なります。

15 切り終わった髪をコームで梳かしながら、カットラインをチェックします。右バックサイド1段目のカットが終わりました。

16 右バックサイド2段目のパネルをとります。

センターにシェープしたパネルにレザルテを45度に置きます。

1段目同様にカットしていきます。

2段目のパネルのアウトラインが切り終わりました。

3段目のパネルを下ろし、中央にシェープし、2段目と同様にカットします。

右バックサイド3段目は1段目、2段目の
カットラインをガイドにして、カットします。

右バックサイドが切り終わります。

ロイヤルボブのバックのシルエットライン
が決まりました。

スキャルプチャカット(P12とDVD参照)で、
グラデーションの面を整えていきます。
(左手のコームの持ち方はDVD参照)

25 コームで右方向に梳かします。

26 スキャルプチャカットで、グラデーションの面を整えます。

27 何回か繰り返します。

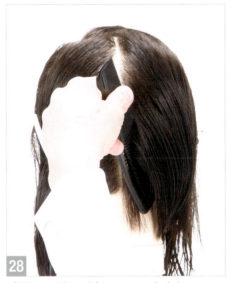

28 毛流れに対し平行にコームを入れ、パネルを引き出します。

29 すくいあげたパネルのカットラインを
スライドテーパー（P10とDVD参照）で
整えます。

30 ここからはスキャルプチャカット、スライドテーパー、インサイドテーパーを何度か繰り返し行い、形を整えていきます。
（テクニックはDVD参照）

31 さらにコームで髪を引き出し、

32 スライドテーパーで、

33 続けてカットしていきます。

34 レザルテで、グラデーションの面とアウトラインの部分を整えていきます。

35 コームで髪をセンターに寄せ、

36 ヘムラインのシルエットをデザインします。

37 レザルテとコームは、地肌に強くあてないように、

38 注意してカットします。

39 写真37、写真38同様、繰り返しヘムラインを整えます。

40 シルエットラインがネープにフィットするように、指を添えてカットします。

41 右バックサイド、アウトラインの土台が完成しました。

42 グラデーションの面とシルエットを整えます。

43 サロンの現場では、お客様のえり足の毛流に合わせて

44 整えます。

45 前ページ同様に、

46 カットを繰り返し、

47 ヘムラインとシルエットラインを整えます。

48 さらに美しいグラデーションにするため、コームで髪を引き出し、

49 スライドテーパーで、

50 カット面を整えます。

51 スライドテーパーを繰り返します。

52 スライドテーパーで、カットを続けます。

53 スライドテーパーでカットしました。

54 毛量を調整するために、アウトラインを残し、インサイドテーパー（P13とDVD参照）でカットします。

55 コームで髪を上げ、刃を上にしたレザルテに、髪を軽く置き、上に引き上げて、インサイドテーパーで何回か繰り返しカットします。

56 右バックサイドが、切り終わりました。

57 左バックサイドも、右側同様、1段目のパネルをとります。

58 パネルを中央に寄せてシェープし、中央の長さをガイドにします。

59 レザルテを45度に置き、

60 オープンハンド（P8とDVD参照）で、カットしていきます。

ミドルストロークでカットを始め、

何回か繰り返して、徐々にショートストロークでカットします。

グラデーションの面と、

シルエットラインを整えます。

左バックサイド2段目のパネルをとり、センターに寄せてシェープします。

中央の長さをガイドにして、

オープンハンドでカットしていきます。

繰り返しカットしていきます。

69 同様にショートストロークで、

70 オープンハンドでカットしていきます。

71 繰り返します。

72 左バックサイド2段目のパネルが切り終わりました。

中央の長さを確認し、シルエットを整えるために、

左バックサイドのトップパネルを中央に寄せながら、

オープンハンド、ショートストロークでカットしていきます。

左バックサイドのベースカットが終わりました。

77 右から左にシェープし、毛流れに平行にコームを入れ、

78 引き出したパネルにスライドテーパーを繰り返し、

79 グラデーションの面とシルエットラインを整えます。

80 右バックサイドと同様、スキャルプチャカット、スライドテーパーを繰り返します。

81 繰り返します。

82 左バックサイドを中央に寄せてシェープし、

83 ヘムラインからネープラインにかけてのアウトラインを整えます。

84 レザルテとコームは地肌に強くあてないように、注意してカットします。

左バックサイドのアウトラインのベースカットが終わりました。

ヘムラインとグラデーションの面を整えるために、

スライドテーパーを繰り返します。

繰り返します。

スライドテーパーを繰り返します。

アウトラインを残し、毛量を調整するために、上の毛をすくい、

刃を上にしたレザルテに、髪を軽く置き、インサイドテーパーをします。

左右のバランスを整えながら、インサイドテーパーを繰り返します。

ロイヤルボブらしいソフトなグラデーションのバックサイドが完成しました。

右フロントサイド1段目のパネル（P19-Bのブロッキング図 赤ライン参照）はバックのカットラインをガイドにして、後ろに引いてシェープし、

バックのカットラインに繋げて、ショートストロークで、

カットしていきます。

右フロントサイド1段目のカットが終わりました。

右フロントサイド2段目のパネルを下ろし、コームで梳かします。

1段目同様に、バックサイドに繋げるように、カットしていきます。

パネル幅が広い場合は、持ちかえてカットする場合もあります。

101 右フロントサイド2段目のパネルのカットが終わりました。

102 トップのパネルを下ろし、コームで梳かします。

103 2段目と同様に、後ろに引いてカットし、

104 ラインを繋げます。

パートラインから右側のベースラインのカットが終わりました。

P19-A・Bのブロッキング図を参照し、パネルを取り直し、フロントからサイドにかけて前上がりにデザインしながら、

前髪からサイドに繋げてカットします。

写真106でデザインしたラインにカットしていきます。

P46写真102まで髪を後ろに引いてカットしたラインと、P47写真108までに出来たカットラインによるVの字型のボリュームゾーンを確認します。

トップのパネルを下ろし、コームで梳かします。

トップのパネルも下のパネルと同様に、

オープンハンドで、

カットしていきます。

コーミングカット（P14とDVD参照）をするためにトップの毛束を分け取り、フェイスラインをリバースフォーワードでシェープします。

コーミングカットを行います。

根元をリバースにシェープしながら、フォーワードに方向付けてカットします。

117 毛量に応じて、何回か繰り返します。

118 分け取った上のパネルを2分の1下ろし、

119 フロントからサイドにかけてのラインに揃え、

120 オープンハンドで、

カットしていきます。

P50写真118のパネルが切り終わりました。

トップのパネルを、サイドにかけてのラインに揃え、梳かします。

レザルテを45度にあて、オープンハンドで、

125 カットをしていきます。

126 右フロントサイドのベースラインが、切り終わりました。

127 毛先の動きを作るために、コーミングカットを行います。

128 リバースフォーワードで毛束を引き出します。

129 コーミングカットで毛先の動きを作ります。

130 長さと毛量に合わせて何度か繰り返します。

131 P48写真109で出来たサイドとバックのパネルに生じたコーナー（ボリュームゾーン）のアウトラインを残し、

132 表面を馴染ませるために、

133 カットしていきます。

134 右半分のカットラインが整いました。

135 ロイヤルボブの特徴となる動きのあるサイドを仕上げるため、コームで髪をとり、

136 スキャルプチャカットで、ニュアンスをデザインしていきます。

137 サイドラインに動きを与え、毛先を遊ばせます。

138 サイドのシルエットラインが出来上がりました。

139 左フロントサイド1段目のパネルは、バックのカットラインをガイドにして、後ろに引いてシェープします。

140 バックのカットラインに繋げて、ショートストロークでカットしていきます。

141 左フロントサイドをバックのラインに繋げるように、カットしていきます。

142 カットを続けます。

143 左フロントサイド1段目のカットが終わりました。

144 左フロントサイド2段目のパネルを下ろし、1段目に重ね、コームで梳かします。

145 45度にレザルテを入れ、

146 オープンハンドでカットしていきます。

147 左フロントサイドのベースのカットが終わりました。

148 P19-Dのブロッキング図を参照し、左フロントからサイドにかけてのアウトラインを作るため、前上がりにスライスラインをとります。

149 クロスハンドでバックに繋がるようにカットしていきます。

150 左フロントからバックにかけてのアウトラインのカットが出来上がりました。

151 左フロントサイドのトップパネルを下ろし、コームで梳かします。

152 レザルテを45度に入れて、下のカットラインに合わせ、

153 クロスハンドでカットしていきます。

154 サイドとバックの間に生じたコーナー（ボリュームゾーン）のアウトラインを残し、馴染ませます。

155 クロスハンドで、

156 カットしていきます。

157 左フロントサイドのベースカットが終わりました。

158 ロイヤルボブの特徴となる動きのあるサイドを仕上げるため、コームでトップの毛束を分け取り、ダッカールで止め、

159 左サイドの形を整えるために、コーミングカットをします。毛先に動きを作るために、リバースフォーワードに方向付けて、

160 コーミングカットを毛量に応じて、P62写真165まで数回繰り返します。

161 毛束をコームで小さくとり、

162 コームとレザルテで毛束を挟み、

163 一緒に方向付けながら、

164 コーミングカットをします。

165 コーミングカットを続けます。

166 動きのあるサイドラインを作るために、コーミングカットのリフトアップ（P16とDVD参照）を行います。

167 髪を引き出したコームにレザルテを沿わせ、

168 コームとレザルテで毛束を挟み、そのまま上方にをリフトアップしてカットします。リフトアップのコーミングカットが終わりました。

169 非対称のパートラインなので、パートラインの変動に左右されないように、

170 ロングサイドの髪をショートサイドに持っていき、長さを揃えて、

171 カットします。

172 ロングサイドの毛の長さが、ショートサイドの毛の長さに揃いました。

173 ヘムラインは髪が首筋にフィットするように、

174 指を添えて、整えます。

175 ヘムラインが首筋にフィットし、整いました。

176 ロイヤルボブが仕上がりました。

177

178

179

180

■ A-Line Bob (Variation) Aラインボブ（ヴァリエーション）

バックサイドのボリュームの位置を高めに保ち、シルエットのきれいな前下がりのボブを作りました。練習に適した、バックとフロントの長さに差がある、Aラインのボブのヴァリエーションをあえて選びました。　DVD収録

01 Ear to Earでブロッキングします。
（P19-Bのブロッキング図参照）

02 バックはセンターパートに分けます。

03 右バックサイド1段目のパネルをとります。

04 パネルを中央に寄せてシェープします。

05 レザルテをパネルのボリュームを出したい位置に45度の角度で入れ、

06 クロスハンド（P9とDVD参照）、ミディアムストロークでカットしていきます。

07 右バックサイド2段目のパネルは1段目のパネルに合わせて、

08 カットしていきます。

09 右バックサイド2段目までが写真のように切り揃いました。

10 右バックサイド3段目のパネルを写真09のパネルと合わせて中央にシェープします。

11 右バックサイド2段目のパネルを確認しながら、3段目をカットしていきます。

12 右バックサイドのアウトラインが切り終わりました。

13 右バックサイドの髪を、左から右にシェープします。
（左手のコームの持ち方はDVD参照）

14 シェープした髪を毛流に沿ってコームで引き出し、

15 カットラインを整えるために、スライドテーパー（P10とDVD参照）で、

16 カットしていきます。

次は、スキャルプチャカット(P12とDVD参照)で、 カットしていきます。

スキャルプチャカットを何度か繰り返し、カットラインとグラデーションの面を 整えます。

21 コームで髪を引き出し、レザルテに、

22 髪を軽く乗せ、アウトラインを残して、インサイドテーパー（P13とDVD参照）で、毛量調整をしていきます。

23 毛量調整を終え、右バックサイドが切り終わりました。

24 中央の毛をガイドにして、左バックサイドも同様にカットしていきます。

25 左バックサイド1段目のパネルをセンターに寄せてシェープし、

26 オープンハンド(P8とDVD参照)で、

27 カットしていきます。

28 左バックサイド1段目のパネルが切り終わりました。

29 左バックサイド2段目のパネルを引き出し、

30 中央の毛をガイドにして、

31 カットしていきます。

32 左バックサイド2段目も切り終わりました。

左バックサイド3段目のパネルを引き出し、中央の髪をガイドにして、

カットしていきます。

左バックサイド3段目のパネルも切り終わりました。

左バックサイドにコームを入れ、

縦スライスで髪を引き出し、

スライドテーパーでシルエットを整えていきます。

さらにスキャルプチャカットをします。

スキャルプチャカットは、

41 必要に応じて、

42 何度か繰り返します。

43 インサイドテーパーで、

44 毛量調整をしていきます。

45 さらにインサイドテーパーを繰り返し、

46 毛量調整をします。

47 左右のバックサイドが切り終わりました。

48 フロントサイドの髪を長く残すために、ブロッキング(P19-Bのブロッキング図赤ライン参照)を前下がりにとります。

49 右フロントサイドの1段目はバックサイドのカットラインをガイドにして、後ろに引いて重ねてシェープします。

50 バックに繋げるように、クロスハンドでカットしていきます。

51 右フロントサイド1段目が切り終わりました。

52 右フロントサイド2段目のパネルも同様に、

53 クロスハンドでカットします。

54 右サイドのシルエットラインを整えるために、

55 コームで前にシェープし、

56 スライドテーパーで、フロントサイドを

57 カットします。

58 右フロントサイドが切り終わりました。

59 左フロントサイド1段目は前下がりのスライスライン(P19-Dのブロッキング図赤ライン参照)でパネルをとり、

60 バックサイドのカットラインをガイドにして、

61 1段目を重ねて、後ろに引いてシェープします。

62 左バックサイドをガイドにして、フロントサイドに繋げるようにパネルを後ろに引いて、

63 オープンハンドでカットしていきます。

64 左フロントサイド2段目も同様に、後ろに引いて、シェープし、

左フロントサイド1段目と合わせて重ねます。

左バックサイドのカットラインに繋げるために、パネルを後ろに引いてオープンハンドでカットします。

左フロントサイド2段目が切り終わりました。

トップのパネルを下ろします。

69 トップのパネルは、左フロントサイド2段目と重ねてオープンハンドでカットしていきます。

70 トップのパネルが切り終わりました。

71 表面の髪を整え、

72 オープンハンドでフロントラインを切り揃えます。

73 左バックサイドと左フロントラインが綺麗に繋がるようにカットしました。

74 前髪を切るために、フェイスラインのパネルを残して分け取ります。

75 前髪とフロントサイドの長さを決めます。

76 45度の角度にレザルテを入れ、軽く触れるようなタッチでカットしていきます。

フェイスラインをなめらかにするため、何回かに分けて、

ロングストロークでカットします。

フロントライン1段目が切り終わりました。

前髪の毛流をリバースへ方向付けながら、

コーミングカット(P15とDVD参照)をしていきます。

左フェイスラインの毛流を

フォワードシェープで方向付けます。

リバースフォワードのシェープで何回かに分けて、コーミングカットで、フェイスラインの長さを整えます。

85 P86写真77で分け取ったトップパネルの毛束を下ろし、同様にコーミングカットでフェイスラインを整えます。ここからは全体のデザインを意識してカットします。

86 左フロントサイドのコーミングカットをします。

87 P89写真90までスタイリングをしながら、コーミングカットを繰り返します。

88 コーミングカットを繰り返します。

サロンの現場では、お客様のお顔立ちに合わせて、

ラインと動きをコーミングカットでデザインしていきます。

右フロントサイド1段目を分け取り(P19-Bのブロッキング図参照)、右フェイスラインのカットは、前髪の長さをガイドにします。

前髪からサイドにかけてのラインを作るために、レザルテを45度に入れ、

オープンハンドでカットしていきます。

引き出したパネルをリバースフォーワードにシェープし、

何回かに分けて、

リバースフォーワードにコーミングカットします。

97 右フェイスラインのコーミングカットが終わりました。

98 P89写真91で分け取った上のパネルを下ろし、下のパネルに重ね、

99 45度にレザルテを入れ、オープンハンドでストロークカットしていきます。

100 右フロントサイドのベースのカットが終わりました。

サイドパートの場合、パートラインによる長さのずれを、ショートサイドに寄せて、調整します。長短の長さを揃える場合は、常に長い髪を短い方に寄せてカットします。

レザルテの刃を上向きにして、

アップシェープ（P18とDVD 参照）で、

揃えます。

105

106

Aラインボブ(ヴァリエーション)の完成です。

107

108

■ Soft Gradation ソフトグラデーション

毛先に、ある程度の重さを残したワンレングスのボブですが、シザーズでは出しにくい毛先の柔らかさを表現してみました。ただし、前髪だけは、ストレートなラインを強調するためにシザーズも併用しています。

01 右バックサイド、1段目のパネルをとり、中央にシェープして

02 レザルテを45度にあて、

03 センターに重さを残すために、オープンハンド（P8とDVD参照）、ショートストロークでカットしていきます。

04 右バックサイド1段目のカットが終わりました。

05 左バックサイド1段目のパネルを中央にシェープして、

06 クロスハンド（P9とDVD参照）、ショートストロークで、

07 カットしていきます。

08 左バックサイド1段目もカットが終わりました。フラットなラインが出来上がりました。

右バックサイド2段目のパネルをとり、中央にシェープして、

レザルテを髪の上に45度に置き、

右バックサイド1段目をガイドに、オープンハンド、ショートストロークでカットします。

右バックサイド2段目のパネルのカットが終わりました。

13 左バックサイド2段目のパネルを取り出し、

14 中央にシェープして、

15 左バックサイド1段目をガイドにクロスハンド、ショートストロークでカットします。

16 左バックサイド2段目が切り終わりました。

17 右バックサイド3段目のパネルを下ろします。

18 1、2段目同様、中央にシェープし、

19 オープンハンド、ショートストロークでカットします。

20 右バックサイド3段目が切り終わりました。

21 左バックサイド3段目のパネルをとり、

22 中央にシェープして、クロスハンド、ショートストロークで、

23 カットします。

24 左バックサイド3段目が切り終わりました。

25 これまで切ったパネルの毛先を落ち着かせるために、

26 バックサイド全体をスキャルプチャカット（P12とDVD参照）で整えます。

27 次に、左右のスライドテーパー（P10とDVD参照）で、

28 毛先を整えます。

29 コームで髪を引き出し、刃を上にしたレザルテを髪の下に入れ、

30 髪をレザルテの上に軽く置き、

31 コームとレザルテを交互に使いながら、インサイドテーパー（P13とDVD参照）で毛量を調整します。

32 バックサイドが、美しいフォルムになりました。毛先に重さを残しながら、フラットなラインをソフトにまとめます。

33 右フロントサイド1段目のパネルをとり、斜め後ろに引いてシェープします。

34 レザルテを45度の角度に入れ、

35 バックのカットラインに合わせ、オープンハンド、ショートストロークでカットしていきます。

36 右フロントサイド1段目のカットが終わりました。

37 右フロントサイド2段目のパネルをとり、1段目に重ねてシェープします。

38 1段目と同様に、バックのカットラインに合わせて、ショートストロークで、

39 カットします。

40 右フロントサイド2段目のパネルが切り終わりました。

41 左フロントサイド1段目のパネルをとり、斜め後ろにシェープします。

42 バックのカットラインに合わせて、

43 クロスハンド、ショートストロークでカットしていきます。

44 左フロントサイド1段目のパネルが切り終わりました。

45 左フロントサイド2段目のパネルをとり、斜め後ろに引いてシェープし、レザルテを45度に入れ、

46 1段目と同様に、左バックサイドのカットラインに合わせて、

47 毛先に重さを残すために、ショートストロークでカットしていきます。

48 左フロントサイド2段目のパネルが切り終わりました。

49 前髪を分けてダッカールで止め、それ以外の髪は全て自然に下ろし、シェープします。

50 表面の毛を全体のカットラインに馴染ませるため、

51 サイドのカットラインを

52 整えます。

53 右フェイスライン1段目のパネル（P19-Bのブロッキング図参照）をとり、

54 フロントサイドのコーナーをカットし、シルエットラインに柔らかさを出します。

55 さらにコーミングカット（P14とDVD参照）で、

56 柔らかなラインを作っていきます。

57 右サイド2段目のパネルを下ろし、1段目同様、

58 コーナーをカットします。

59 さらにコーミングカットで柔らかさを出します。

60 右フロントサイドが切り終わりました。

左サイドと右サイドの長さを確認します。

右側同様、左フロントサイドのコーナーをカットし、

シルエットラインに柔らかさを出します。

左フロントサイドのコーナーのカットが終わりました。

65 右側同様、左フロントサイドも毛先に柔らかさを出すためにコーミングカットを

66 何度か繰り返します。

67 リバースフォワードのシェープを加えながら、

68 いくつかの毛束に分けてコーミングカットを行います。

前髪のカットラインを作る前に、毛量調整をします。前髪1段目のパネルをとり、レザルテを45度にあて、ロングストロークでカットします。

前髪2段目を下ろし、1段目同様にカットし、毛量調整をします。

髪を縦にスライスして、さらに毛量調整をします。

前髪のベースが切り終わりました。

さらに前髪に軽さを出すために、髪を引き出し、

コーミングカットのリフトアップ（P16とDVD参照）で毛先を整えます。

ストレートなラインの前髪を強調するために、コームをガイドに、テンションを与えないようにしてシザーズでカットします。

シザーズだけでは表現できない、柔らかな質感のソフトグラデーションボブが出来上がりました。

■ Layer レイヤー

髪に遊びと軽さを表現するため、先にパーマをかけた髪をカットしていきます。ただし、今回は毛先を軽くし過ぎないように、アウトラインの毛先に重さを残したカットをします。

01

02

オンベースで、太めのロッド(20mm程度)で巻きます。ネープはダウンステムに。薬液はシスティン系のマイルドなものを使用しますが、しっかり目にかけます。ロッドは全てスティックを打ちます。

ロッドオン正面です。

03

04

ロッドオン左サイドです。

ロッドオン右サイドです。

05 ロッドオン、バックです。

06 パーマが終了しました。

07 右サイドです。

08 バックです。

ブロッキング（P19-Cのブロッキング図参照）し、右バックサイド1段目のパネルをとります。

1段目のパネルをオンベースで引き出します。テンションを掛けないようにシェープするので、櫛目の大きなコームを使用します。

レイヤーのシルエットラインを残すために、ミドルストロークからショートストロークへ、何回かに分けてクロスハンド（P9とDVD参照）でカットします。

長めのシルエットを活かしたスタイルを作るために、下の毛を長く残します。

右バックサイド1段目のカットが終わりました。

右バックサイド2段目のパネルをとり、シェープします。

右バックサイド1段目のパネルの長さをガイドにして、

クロスハンドでカットしていきます。レイヤーのアウトラインを残すために、1段目と同様に、何回かに分けてカットし、

17 アウトラインに重さを残したいので、ショートストロークで終えるようにします。右バックサイド2段目のパネルのカットが終わりました。

18 右バックサイド3段目のパネルをとり、シェープします。

19 右バックサイド2段目のパネルをガイドにして、

20 2段目と同様に、何回かに分けてカットしていきます。

ショートストロークで終えるようにします。右バックサイド3段目が切り終わりました。

中央の髪の長さをガイドにして、左バックサイドをカットしていきます。

左バックサイド1段目のパネルをとり、シェープします。

何回かに分けて、オープンハンド(P8とDVD参照)でカットします。

アウトラインに重さを残すために、ショートストロークで終えるようにします。左バックサイド1段目のカットが終わりました。

左バックサイド2段目のパネルをとり、シェープします。

中央の髪の長さをガイドにして、

オープンハンドでカットしていきます。

29 アウトラインに重さを残すために、ショートストロークで終えるようにします。左バックサイド2段目のカットが終わりました。

30 左バックサイド3段目のパネルを引き出し、シェープします。

31 中央の髪の長さをガイドにして、

32 オープンハンドでカットしていきます。

33 アウトラインに重さを残すために、ショートストロークで終えるようにします。左バックサイド3段目のパネルのカットが終わりました。

34 左バックサイドにコームを入れ、

35 毛束を引き出し、

36 スライドテーパー（P11とDVD参照）でカットしていきます。

37

左バックサイドのスライドテーパーが終わりました。

38

右バックサイドの毛先をスライドテーパーで整えます。

39

髪にコームを入れ、スライドテーパーで、

40

同様にカットしていきます。

41 右バックサイドのスライドテーパーが終わりました。

42 インサイドテーパー(P13とDVD参照)で、毛量調整をしていきます。コームで髪を引き出し、

43 刃を上にしたレザルテに、髪を軽く置き、

44 毛量に応じて、数回繰り返し、カットしていきます。

45
インサイドテーパーによる毛量調整が終わりました。

46
軽やかな動きのある毛先を作るために、毛束を指でつまみ、毛の流れに対して45度のカットアングルを保ちながら、ティッピング（P17とDVD参照）をしていきます。

47
毛先の動きを見ながら、ティッピングを続けます。

48
デザインに応じて、ティッピングを繰り返し行います。

49 ティッピングが終わりました。

50 右側フェイスラインの髪をシェープし、前髪の長さを決め、アウトラインを繋げます。

51 レザルテを髪に45度にあて、オープンハンドでカットしていきます。

52 ウェーブの状態を見ながら、フロントは長めに残し、後で長さを調節します。

53 右フロントのアウトラインのカットが終わりました。

54 右フェイスラインにコーミングカット(P14とDVD参照)をします。

55 コームにレザルテを添え、

56 リバースフォーワードにシェープし、コーミングカットをしていきます。

57 右フェイスラインのコーミングカットが終わりました。

58 右フロントサイドは、分け目の一番奥の点の長さをガイドにします。

59 写真58の毛束の長さをガイドにして、

60 放射状にパネルをとります。

右フロントサイド1番目のパネルにレザルテを45度に入れ、クロスハンドでカットします。

1番目のパネルのカットが終わりました。

2番目のパネルを取り出し、シェープします。

レザルテを45度にあて、クロスハンドでカットしていきます。

アウトラインの毛先の重さを残します。

2番目のパネルが切り終わりました。

3番目のパネルをとり、シェープします。

1、2番目のパネルと同様にカットしていきます。

69 ウェーブの状態を見ながら、ストローク幅をコントロールします。

70 右フロントサイドのベースのカットが終わりました。

71 コームで、髪をリバースフォーワードにとり、

72 フェイスラインの毛先に動きをあたえるために、髪にテンションを掛け過ぎないように注意しながら、コーミングカットをしていきます。

73 必要に応じて何回かコーミングカットを続け、

74 右フロントサイドのコーミングカットが終わりました。

75 左フロントサイドのアウトラインを作るため、フェイスラインを残し、トップの毛束を分け取ります。

76 フェイスラインの毛束を下ろし、右フロントサイドの前髪をガイドにして、アウトラインを繋げます。

フェイスラインの毛束をシェープして、束ねて持ち、

レザルテを45度に入れ、クロスハンドで、

前髪からサイドまでのアウトラインを繋げます。

フロントは長めに残し、後で調整します。

毛束のウェーブの状態を見ながら、
ストローク幅を調整します。

左フロントサイドのカットが終わりました。

コームで、前髪を方向付けます。

前髪は、毛流れを作りながら、コーミング
カットします。

85 前髪の流れを方向付けながら、初めは長めにコーミングカットします。

86 形付けは1回では出来ないので、デザインに応じて、何回か繰り返してコーミングカットします。

87 左フロントサイドは、コームでリバースフォーワードのシェープで毛束をとり、

88 コーミングカットをします。

ウェーブの状態を見ながら、数回に分けてコーミングカットをP138写真94まで続けます。

繰り返します。

自然なカールを残すために、髪にテンションを掛け過ぎないように注意しながら、コーミングカットを続けます。

繰り返します。

93 繰り返します。

94 フェイスラインのコーミングカットが終わりました。

95 左フロントサイドは、分け目の一番奥の点の長さをガイドにします。

96 フロントトップの髪をダッカールで止めて、写真95の毛束の長さをガイドにして、放射状にパネルをとります。

1番目のパネルにレザルテを45度に入れ、オープンハンドでカットします。

1番目のパネルのカットが終わりました。

フロントトップの髪を分け直し、ダッカールで止めて、2番目のパネルをカットします。P138写真95の毛束の長さをガイドにします。

2番目のパネルにレザルテを45度にあて、オープンハンドでカットしていきます。

101 アウトラインの毛先の重さを残します。

102 左フロントサイド2番目のパネルが切り終わりました。

103 ダッカールをとり、フロントトップの残った髪を繋げます。

104 パートラインによる長さの変動に影響されないように、アップシェープ(P18とDVD参照)で長さを繋げます。

105 カットを続けます。

106 トップを切り揃えます。

107 さらに毛先の動きを作るために、コーミングカットをしていきます。この時、ウィッグを前に傾けてカットしてもよいでしょう。

108 左サイドのコーミングカットを続けます。

109 コーミングカットを何度か繰り返し、毛先に動きを作ります。

110 コーミングカットが終わりました。

111 最後に仕上がりをイメージしながら、ティッピングでスタイルを整えていきます。

112 指で毛束をつまみ、毛先を遊ばせるようにティッピングカットしていきます。
常に毛束に接する刃の角度は45度に保ちます。

113 右サイドも同様に、仕上がりをイメージしながら、ティッピングカットで毛先を跳ねるようにカットしていきます。

114 毛先に遊びのある、レイヤー（ロング）が切り終わりました。

115 スタイリングして、レイヤーカット（ロング）が出来上がりました。

116 ティッピングカットでリズミカルな毛先に仕上がりました。

■Layer (Variation) - Medium レイヤー
ミディアム （ヴァリエーション）

ロングレイヤーのウィッグをトップはそのままで、
アウトラインだけミディアムレングスにアレンジしたものです。

Layer (Variation) - Short　レイヤー（ヴァリエーション）

ミディアムレイヤーのウィッグをパネルの取り出し方は同様にして、
長さのみショートにカットしたスタイルです。

技術指導
山本 ヒサヒロ

　1951年4月4日秋田市生まれ。1971年山野高等美容学校（現在の山野美容専門学校）卒業。1972年にYAMANO BEAUTY COLLEGE留学のため渡米し、帰国後の1976年秋田市にてサロンを開業。1977年「第3回ケネス杯争奪カットコンテスト」優勝、「タカラ第1回ヴィダル・サスーン杯カットコンテスト」準優勝。美容師としてパーム技術で14カ国の国際特許を取得。さらに日本のグッドデザイン賞と米国専門誌のTool of the yearに選ばれたプロ用レザー「レザルテ」の開発などを手掛け、現在は秋田県美容生活衛生同業組合の理事長も務めている。

　美容業界以外においても、1993年からソーラーカーレース（大潟村）の主催メンバーとしても活動中。2001年には自身の手作りソーラーカーによるユーラシア大陸横断冒険旅行を実現。2007年には手作り燃料電池ハイブリットソーラーカーでオーストラリア大陸横断レース完走・特別賞を受賞している。他にも、風力発電等、環境問題にも取り組んでいる。

MODE STUDIO Q
〒010-0875　秋田県秋田市千秋明徳町2-74
TEL 018-831-0009

写　　真	水口 正彦 (SHINBIYO)
DVD撮影/編集	羽田 秀人 (WEBSTAR)
デザイン	狩野 千英 (TWO ONE)

HAPPY TRAINING SERIES 1

Let's enjoy Razor cutting
RAZARTE

2017年3月15日発行
定価（本体 1,800円+税）

編集／発行人　長尾明美
編集　　　　　高見清孝 (SHINBIYO)
発行　　　　　新美容出版株式会社
　　　　　　　〒106-0031 東京都港区西麻布1-11-12
　　　　　　　代　表　TEL 03-5770-1230（代表）
　　　　　　　販売部　TEL 03-5770-1201　FAX 03-5770-1228
　　　　　　　http://www.shinbiyo.com

印刷・製本　凸版印刷株式会社

印刷には十分注意しておりますが、万一落丁・乱丁がありましたら、本社にてお取り替えいたします。
＊記事・写真・イラストなどの無断転載を禁じます。
＊DVDを著作権者に無断で複製、放送、上映、公開、レンタルすることは法律で禁止されています。

© SHINBIYO SHUPPAN Co., Ltd.　　Printing in Japan 2017